朗読CD付き
名作文学シリーズ

朗読の時間　聖書のことば

朗読　滝田栄

東京書籍

朗読CD付き名作文学シリーズ　朗読の時間　聖書のことば

目次

ブックデザイン　櫻井浩＋三瓶可南子（⑥Design）

朗読CD付き名作文学シリーズ

朗読の時間　聖書のことば

朗読　滝田栄

イエスの誕生が予告される

ルカによる福音書1：26～35、37～38

（その日、）天使ガブリエルは、ナザレというガリラヤの町に神から遣《つか》わされた。ダビデ家のヨセフという人のいいなずけであるおとめのところに遣わされたのである。そのおとめの名はマリアといった。天使は、彼女のところに来て言った。「おめでとう、恵まれた方。主があなたと共におられる」マリアはこの言葉に戸惑《とまど》い、いったいこの挨拶《あいさつ》は何のことかと考え込んだ。すると、天使は言った。「マリア、恐れることはない。あなたは神から恵みをいただいた。あなたは身ごもって男の子を産むが、その子をイエスと名付けなさい。その子は偉大な人になり、いと高き方の子と言われる。神である主は、彼に父ダビデの王座をくださる。彼は永遠にヤコブの家を治め、その支配は終わることがない」マリアは天使に言った。「どうして、そのようなことがありえましょうか。わたしは男の人を知りませんのに」天使は答えた。「聖霊があなたに降《くだ》り、いと高き方の力があなたを包む。だから、生まれる子は聖なる者、神の子と呼ばれる。（中略）神にできないことは何一つない」マリアは言った。「わたしは主のはしためです。お言葉どおり、この身に成りますように」そこで、天使は去って行った。

イエスの誕生

ルカによる福音書2：1〜7

そのころ、皇帝アウグストゥスから全領土の住民に、登録をせよとの勅令《ちょくれい》が出た。これは、キリニウスがシリア州の総督であったときに行われた最初の住民登録である。人々は皆、登録するためにおのおの自分の町へ旅立った。ヨセフもダビデの家に属し、その血筋であったので、ガリラヤの町ナザレから、ユダヤのベツレヘムというダビデの町へ上って行った。身ごもっていた、いいなずけのマリアと一緒に登録するためである。ところが、彼らがベツレヘムにいるうちに、マリアは月が満ちて、初めての子を産み、布にくるんで飼い葉桶《おけ》に寝かせた。宿屋には彼らの泊まる場所がなかったからである。

羊飼いと天使

ルカによる福音書2：8〜14

その地方で羊飼いたちが野宿をしながら、夜通し羊の群れの番をしていた。すると、主の天使が近づき、主の栄光が周りを照らしたので、彼らは非常に恐れた。天使は言った。「恐れるな。わたしは、民全体に与えられる大きな喜びを告げる。今日ダビデの町で、あなたがたのために救い主がお生まれになった。この方こそ主メシアである。あなたがたは、布にくるまって飼い葉桶の中に寝ている乳飲み子を見つけるであろう。これがあなたがたへのしるしである」すると、突然、この天使に天の大軍が加わり、神を賛美して言った。
「いと高きところには栄光、神にあれ、
地には平和、御心に適《かな》う人にあれ」

誘惑を受ける

マタイによる福音書4：1～11

（そのとき、）イエスは悪魔から誘惑を受けるため、〝霊〟に導かれて荒れ野に行かれた。そして四十日間、昼も夜も断食した後、空腹を覚えられた。すると、誘惑する者が来て、イエスに言った。「神の子なら、これらの石がパンになるように命じたらどうだ」イエスはお答えになった。

「『人はパンだけで生きるものではない。
神の口から出る一つ一つの言葉で生きる』

と書いてある」次に、悪魔はイエスを聖なる都に連れて行き、神殿の屋根の端に立たせて、言った。「神の子なら、飛び降りたらどうだ。

『神があなたのために天使たちに命じると、
あなたの足が石に打ち当たることのないように、
天使たちは手であなたを支える』

と書いてある」イエスは、「『あなたの神である主を試してはならない』とも書いてある」と言われた。更《さら》に、悪魔はイエスを非常に高い山に連れて行き、世のすべての国々とその繁栄ぶりを見せて、「もし、ひれ伏してわたしを拝《おが》むなら、これをみんな与えよう」と言った。すると、イエスは言われた。「退《しりぞ》け、サタン。

『あなたの神である主を拝み、
ただ主に仕えよ』

と書いてある」そこで、悪魔は離れ去った。すると、天使たちが来てイエスに仕《つか》えた。

ナザレで聖書を朗読する

（「ナザレで受け入れられない」より）

ルカによる福音書4：16～21

（そのとき、）イエスはお育ちになったナザレに来て、いつものとおり安息日に会堂に入り、聖書を朗読しようとしてお立ちになった。預言者イザヤの巻物が渡され、お開きになると、次のように書いてある個所が目に留《と》まった。

「主の霊がわたしの上におられる。
貧しい人に福音を告げ知らせるために、
主がわたしに油を注がれたからである。

主がわたしを遣《つか》わされたのは、
捕《と》らわれている人に解放を、
目の見えない人に視力の回復を告げ、
圧迫されている人を自由にし、
主の恵みの年を告げるためである」

イエスは巻物を巻き、係の者に返して席に座られた。会堂にいるすべての人の目がイエスに注がれていた。そこでイエスは、「この聖書の言葉は、今日、あなたがたが耳にしたとき、実現した」と話し始められた。

漁師を弟子にする

ルカによる福音書５：１〜11

（そのとき、）イエスがゲネサレト湖畔に立っておられると、神の言葉を聞こうとして、群衆がその周りに押し寄せて来た。イエスは、二そうの舟が岸にあるのを御覧になった。漁師たちは、舟から上がって網を洗っていた。そこでイエスは、そのうちの一そうであるシモンの持ち舟に乗り、岸から少し漕《こ》ぎ出すようにお頼みになった。そして、腰を下ろして舟から群衆に教え始められた。話し終わったとき、シモンに、「沖に漕ぎ出して網を降ろし、漁をしなさい」と言われた。シモンは、「先生、わたしたちは、夜通し苦労しましたが、何もとれませんでした。しかし、お言葉ですから、網を降ろしてみましょう」と答えた。そして、漁師たちがそのとおりにすると、おびただしい魚がかかり、網が破れそうになった。そこで、もう一そうの舟にいる仲間に合図して、来て手を貸してくれるように頼んだ。彼らは来て、二そうの舟を魚でいっぱいにしたので、舟は沈みそうになった。これを見たシモン・ペトロは、イエスの足もとにひれ伏して、「主よ、わたしから離れてください。わたしは罪深い者なのです」と言った。とれた魚にシモンも一緒にいた者も皆驚いたからである。シモンの仲間、ゼベダイの子のヤコブもヨハネも同様だった。すると、イエスは、シモンに言われた。「恐れることはない。今から後、あなたは人間をとる漁師になる」そこで、彼らは舟を陸に引き上げ、すべてを捨ててイエスに従った。

手の萎《な》えた人をいやす

ルカによる福音書6：6～11

（ある）安息日に、イエスは会堂に入って教えておられた。そこに一人の人がいて、その右手が萎えていた。律法学者たちやファリサイ派の人々は、訴える口実を見つけようとして、イエスが安息日に病気をいやされるかどうか、注目していた。イエスは彼らの考えを見抜いて、手の萎えた人に、「立って、真ん中に出なさい」と言われた。その人は身を起こして立った。そこで、イエスは言われた。「あなたたちに尋ねたい。安息日に律法で許されているのは、善を行うことか、悪を行うことか。命を救うことか、滅ぼすことか」そして、彼ら一同を見回して、その人に、「手を伸ばしなさい」と言われた。言われたようにすると、手は元どおりになった。ところが、彼らは怒り狂って、イエスを何とかしようと話し合った。

山上の説教「幸い」

マタイによる福音書5：1～12

（そのとき、）イエスは群衆を見て、山に登られた。腰を下ろされると、弟子たちが近くに寄って来た。そこで、イエスは口を開き、教えられた。

「心の貧しい人々は、幸いである、
　天の国はその人たちのものである。
悲しむ人々は、幸いである、
　その人たちは慰《なぐさ》められる。

柔和な人々は、幸いである、
　その人たちは地を受け継ぐ。
義に飢え渇く人々は、幸いである、
　その人たちは満たされる。
憐《あわ》れみ深い人々は、幸いである、
　その人たちは憐れみを受ける。
心の清い人々は、幸いである、
　その人たちは神を見る。
平和を実現する人々は、幸いである、
　その人たちは神の子と呼ばれる。
義のために迫害される人々は、幸いである、
　天の国はその人たちのものである。

わたしのためにののしられ、迫害され、身に覚えのないことであらゆる悪口《あっこう》を浴びせられるとき、あなたがたは幸いである。喜びなさい。大いに喜びなさい。天には大きな報いがある。あなたがたより前の預言者《よげんしゃ》たちも、同じように迫害されたのである」

人を裁くな

ルカによる福音書6：37〜42

（そのとき、イエスは人々にこうお話しになった）

「人を裁くな。そうすれば、あなたがたも裁かれることがない。人を罪人《つみびと》だと決めるな。そうすれば、あなたがたも罪人だと決められることがない。赦《ゆる》しなさい。そうすれば、あなたがたも赦される。与えなさい。そうすれば、あなたがたにも与えられる。押し入れ、揺すり入れ、あふれるほどに量《はか》りをよくして、ふところに入れてもらえる。あなたがたは自分の量る秤《はかり》で量り返されるからである」イエスはまた、たとえを話された。「盲人が盲人の道案内をすることができようか。二人とも穴に落ち込みはしないか。弟子は師にまさるものではない。しかし、だれでも、十分に修行を積めば、その師のようになれる。あなたは、兄弟の目にあるおが屑《くず》は見えるのに、なぜ自分の目の中の丸太に気づかないのか。自分の目にある丸太を見ないで、兄弟に向かって、『さあ、あなたの目にあるおが屑を取らせてください』と、どうして言えるだろうか。偽善《ぎぜん》者《しゃ》よ、まず自分の目から丸太を取り除け。そうすれば、はっきり見えるようになって、兄弟の目にあるおが屑を取り除くことができる」

罪深い女を赦《ゆる》す

ルカによる福音書7：36～50

（そのとき、）あるファリサイ派の人が、一緒に食事をしてほしいと願ったので、イエスはその家に入って食事の席に着かれた。この町に一人の罪深い女がいた。イエスがファリサイ派の人の家に入って食事の席に着いておられるのを知り、香油の入った石膏《せっこう》の壺《つぼ》を持って来て、後ろからイエスの足もとに近寄り、泣きながらその足を涙でぬらし始め、自分の髪の毛でぬぐい、イエスの足に接吻《せっぷん》して香油を塗った。イエスを招待したファリサイ派の人はこれを見て、

「この人がもし預言者《よげんしゃ》なら、自分に触れている女がだれで、どんな人か分かるはずだ。罪深い女なのに」と思った。そこで、イエスがその人に向かって、「シモン、あなたに言いたいことがある」と言われると、シモンは、「先生、おっしゃってください」と言った。イエスはお話しになった。「ある金貸しから、二人の人が金を借りていた。一人は五百デナリオン、もう一人は五十デナリオンである。二人には返す金がなかったので、金貸しは両方の借金を帳消しにしてやった。二人のうち、どちらが多くその金貸しを愛するだろうか」シモンは、「帳消しにしてもらった額の多い方だと思います」と答えた。イエスは、「そのとおりだ」と言われた。そして、女の方を振り向いて、シモンに言われた。「この人を見ないか。わたしがあなたの家に入ったとき、あなたは足を洗う水もくれなかったが、この人は涙でわたしの足をぬらし、髪の毛でぬぐってくれた。あなたはわたしに接吻の挨拶もしなかったが、この人はわたしが入って来てから、わたしの足に接吻してやまなかった。あなたは頭にオリーブ油を塗ってくれなかったが、この人は足に香油を塗ってくれた。だから、言っておく。この人が多くの罪を赦されたことは、わたしに示した愛の大きさで分かる。赦されることの少ない者は、愛することも少ない」そして、イエスは女に、「あなたの罪は赦された」と言われた。同席の人たちは、「罪まで赦すこの人は、いったい何者だろう」と考え始めた。イエスは女に、「あなたの信仰があなたを救った。安心して行きなさい」と言われた。

イエスとサマリアの女

ヨハネによる福音書4：6b～14

イエスは旅に疲れて、そのまま井戸のそばに座っておられた。正午ごろのことである。

サマリアの女が水をくみに来た。イエスは、「水を飲ませてください」と言われた。弟子たちは食べ物を買うために町に行っていた。すると、サマリアの女は、「ユダヤ人のあなたがサマリアの女のわたしに、どうして水を飲ませてほしいと頼むのですか」と言った。ユダヤ人はサマリア人とは交際しない

からである。イエスは答えて言われた。「もしあなたが、神の賜物《たまもの》を知ってお
り、また、『水を飲ませてください』と言ったのがだれであるか知っていたな
らば、あなたの方からその人に頼み、その人はあなたに生きた水を与えたこと
であろう」女は言った。「主よ、あなたはくむ物をお持ちでないし、井戸は深
いのです。どこからその生きた水を手にお入れになるのですか。あなたは、わ
たしたちの父ヤコブよりも偉いのですか。ヤコブがこの井戸をわたしたちに与
え、彼自身も、その子供や家畜も、この井戸から水を飲んだのです」イエス
は答えて言われた。「この水を飲む者はだれでもまた渇く。しかし、わたしが
与える水を飲む者は決して渇かない。わたしが与える水はその人の内で泉とな
り、永遠の命に至る水がわき出る」

五千人に食べ物を与える

マタイによる福音書14：13～21

イエスは（洗礼者ヨハネが死んだこと）を聞くと、舟に乗ってそこを去り、ひとり人里離れた所に退かれた。しかし、群衆はそのことを聞き、方々《ほうぼう》の町から歩いて後を追った。イエスは舟から上がり、大勢の群衆を見て深く憐れみ、その中の病人をいやされた。夕暮れになったので、弟子たちがイエスのそばに来て言った。「ここは人里離れた所で、もう時間もたちました。群衆を解散させてください。そうすれば、自分で村へ食べ物を買いに行くでしょう」イエスは言われた。「行かせることはない。あなたがたが彼らに食べる物を与えなさい」弟子たちは言った。「ここにはパン五つと魚二匹しかありません」イエスは、「それをここに持って来なさい」と言い、群衆には草の上に座るようにお命じになった。そして、五つのパンと二匹の魚を取り、天を仰いで賛美の祈りを唱《とな》え、パンを裂いて弟子たちにお渡しになった。弟子たちはそのパンを群衆に与えた。すべての人が食べて満腹した。そして、残ったパンの屑《くず》を集めると、十二の籠《かご》いっぱいになった。食べた人は、女と子供を別にして、男が五千人ほどであった。

イエスは命のパン

ヨハネによる福音書6：35〜40

（そのとき、）イエスは言われた。「わたしが命のパンである。わたしのもとに来る者は決して飢えることがなく、わたしを信じる者は決して渇くことがない。しかし、前にも言ったように、あなたがたはわたしを見ているのに、信じない。父がわたしにお与えになる人は皆、わたしのところに来る。わたしのもとに来る人を、わたしは決して追い出さない。わたしが天から降《くだ》って来たのは、自分の意志を行うためではなく、わたしをお遣《つか》わしになった方の御心《みこころ》を行うためである。わたしをお遣わしになった方の御心とは、わたしに与えてくださった人を一人も失わないで、終わりの日に復活させることである。わたしの父の御心は、子を見て信じる者が皆永遠の命を得ることであり、わたしがその人を終わりの日に復活させることだからである」

わたしもあなたを罪に定めない

ヨハネによる福音書8：1〜11

イエスはオリーブ山へ行かれた。朝早く、再び神殿の境内《けいだい》に入られると、民衆が皆、御自分のところにやって来たので、座って教え始められた。そこへ、律法学者たちやファリサイ派の人々が、姦通《かんつう》の現場で捕《と》らえられた女を連れて来て、真ん中に立たせ、イエスに言った。「先生、この女は姦通をしているときに捕《つか》まりました。こういう女は石で打ち殺せと、モーセは律法の中で命じています。ところで、あなたはどうお考えになりますか」イエスを試して、訴える口実を得るために、こう言ったのである。イエスはかがみ込み、指で地面に何か書き始められた。しかし、彼らがしつこく問い続けるので、イエスは身を起こして言われた。「あなたたちの中で罪を犯したことのない者が、まず、この女に石を投げなさい」そしてまた、身をかがめて地面に書き続けられた。これを聞いた者は、年長者から始まって、一人また一人と、立ち去ってしまい、イエスひとりと、真ん中にいた女が残った。イエスは、身を起こして言われた。「婦人よ、あの人たちはどこにいるのか。だれもあなたを罪に定めなかったのか」女が、「主よ、だれも」と言うと、イエスは言われた。「わたしもあなたを罪に定めない。行きなさい。これからは、もう罪を犯してはならない」

「一粒の麦」のたとえ（「ギリシア人、イエスに会いにくる」より）

ヨハネによる福音書12：20〜26

祭りのとき礼拝するためにエルサレムに上《のぼ》って来た人々の中に、何人かのギリシア人がいた。彼らは、ガリラヤのベトサイダ出身のフィリポのもとへ来て、「お願いです。イエスにお目にかかりたいのです」と頼んだ。フィリポは行ってアンデレに話し、アンデレとフィリポは行って、イエスに話した。イエスはこうお答えになった。「人の子が栄光を受ける時が来た。はっきり言っておく。一粒の麦は、地に落ちて死ななければ、一粒のままである。だが、死ねば、多くの実を結ぶ。自分の命を愛する者は、それを失うが、この世で自分の命を憎む人は、それを保って永遠の命に至る。わたしに仕《つか》えようとする者は、わたしに従え。そうすれば、わたしのいるところに、わたしに仕える者もいることになる。わたしに仕える者がいれば、父はその人を大切にしてくださる」

弟子の足を洗う

ヨハネによる福音書13：1〜8

過越祭《すぎこしさい》の前のことである。イエスは、この世から父のもとへ移る御自分の時が来たことを悟り、世にいる弟子たちを愛して、この上なく愛し抜かれた。夕食のときであった。既《すで》に悪魔は、イスカリオテのシモンの子ユダに、イエスを裏切る考えを抱かせていた。イエスは、父がすべてを御自分の手にゆだねられたこと、また、御自分が神のもとから来て、神のもとに帰ろうとしていることを悟り、食事の席から立ち上がって上着を脱ぎ、手ぬぐいを取って腰にまとわれた。それから、たらいに水をくんで弟子たちの足を洗い、腰にまとった手ぬぐいでふき始められた。シモン・ペトロのところに来ると、ペトロは、「主よ、あなたがわたしの足を洗ってくださるのですか」と言った。イエスは答えて、「わたしのしていることは、今あなたには分かるまいが、後で、分かるようになる」と言われた。ペトロが、「わたしの足など、決して洗わないでください」と言うと、イエスは、「もしわたしがあなたを洗わないなら、あなたはわたしと何のかかわりもないことになる」と答えられた。

善《よ》いサマリア人

ルカによる福音書10・25〜37

（そのとき、）ある律法の専門家が立ち上がり、イエスを試そうとして言った。「先生、何をしたら、永遠の命を受け継ぐことができるでしょうか」イエスが、「律法には何と書いてあるか。あなたはそれをどう読んでいるか」と言われると、彼は答えた。「『心を尽くし、精神を尽くし、力を尽くし、思いを尽くして、あなたの神である主を愛しなさい、また、隣人を自分のように愛しなさい』とあります」イエスは言われた。「正しい答えだ。それを実行しなさい。

そうすれば命が得られる」しかし、彼は自分を正当化しようとして、「では、わたしの隣人とはだれですか」と言った。イエスはお答えになった。「ある人がエルサレムからエリコへ下って行く途中、追いはぎに襲われた。追いはぎはその人の服をはぎ取り、殴りつけ、半殺しにしたまま立ち去った。ある祭司がたまたまその道を下って来たが、その人を見ると、道の向こう側を通って行った。同じように、レビ人《びと》もその場所にやって来たが、その人を見ると、道の向こう側を通って行った。ところが、旅をしていたあるサマリア人は、そばに来ると、その人を見て憐《あわ》れに思い、近寄って傷に油とぶどう酒を注ぎ、包帯をして、自分のろばに乗せ、宿屋に連れて行って介抱した。そして、翌日になると、デナリオン銀貨二枚を取り出し、宿屋の主人に渡して言った。『この人を介抱してください。費用がもっとかかったら、帰りがけに払います』さて、あなたはこの三人の中で、だれが追いはぎに襲われた人の隣人になったと思うか」律法の専門家は言った。「その人を助けた人です」そこで、イエスは言われた。「行って、あなたも同じようにしなさい」

祈るときには

ルカによる福音書11：1～13

（そのとき、）イエスはある所で祈っておられた。祈りが終わると、弟子の一人がイエスに、「主よ、ヨハネが弟子たちに教えたように、わたしたちにも祈りを教えてください」と言った。そこで、イエスは言われた。「祈るときには、こう言いなさい。

『父よ、
御名《みな》が崇《あが》められますように。

御国《みくに》が来ますように。
わたしたちに必要な糧《かて》を毎日与えてください。
わたしたちの罪を赦《ゆる》してください、
わたしたちも自分に負い目のある人を
　皆赦しますから。
わたしたちを誘惑に遭《あ》わせないでください』」
また、弟子たちに言われた。「あなたがたのうちのだれかに友達がいて、真夜中にその人のところに行き、次のように言ったとしよう。『友よ、パンを三つ貸してください。旅行中の友達がわたしのところに立ち寄ったが、何も出すものがないのです』すると、その人は家の中から答えるにちがいない。『面倒をかけないでください。もう戸は閉めたし、子供たちはわたしのそばで寝ています。起きてあなたに何かをあげるわけにはいきません』しかし、言っておく。その人は、友達だからということでは起きて何か与えるようなことはなくても、しつように頼めば、起きて来て必要なものは何でも与えるであろう。そこで、わたしは言っておく。求めなさい。そうすれば、与えられる。探しなさい。そうすれば、見つかる。門をたたきなさい。そうすれば、開かれる。だれでも、求める者は受け、探す者は見つけ、門をたたく者には開かれる。あなたがたの中に、魚を欲しがる子供に、魚の代わりに蛇を与える父親がいるだろうか。また、卵を欲しがるのに、さそりを与える父親がいるだろうか。このように、あなたがたは悪い者でありながらも、自分の子供には良い物を与えることを知っている。まして天の父は求める者に聖霊を与えてくださる」

山上の説教　「天に富を積みなさい」

マタイによる福音書6：19～21

（そのとき、イエスは人々に言われた）

「あなたがたは地上に富を積んではならない。そこでは、虫が食ったり、さび付いたりするし、また、盗人《ぬすびと》が忍び込んで盗み出したりする。富は、天に積みなさい。そこでは、虫が食うことも、さび付くこともなく、また、盗人が忍び込むことも盗み出すこともない。あなたの富のあるところに、あなたの心もあるのだ」

山上の説教「思い悩むな」

マタイによる福音書6：25〜34

（そのとき、イエスは人々に言われた）

「だから、言っておく。自分の命のことで何を食べようか何を飲もうかと、また自分の体のことで何を着ようかと思い悩むな。命は食べ物よりも大切であり、体は衣服よりも大切ではないか。空の鳥をよく見なさい。種《たね》も蒔《ま》かず、刈り入れもせず、倉に納めもしない。だが、あなたがたの天の父は鳥を養ってくださる。あなたがたは、鳥よりも価値あるものではないか。あなたがたのうちだれが、思い悩んだからといって、寿命をわずかでも延ばすことができようか。なぜ、衣服のことで思い悩むのか。野の花がどのように育つのか、注意して見なさい。働きもせず、紡《つむ》ぎもしない。しかし、言っておく。栄華を極めたソロモンでさえ、この花の一つほどにも着飾ってはいなかった。今日は生えていて、明日《あす》は炉に投げ込まれる野の草でさえ、神はこのように装ってくださる。まして、あなたがたにはなおさらのことではないか、信仰の薄い者たちよ。だから、『何を食べようか』『何を飲もうか』『何を着ようか』と言って、思い悩むな。それはみな、異邦人が切に求めているものだ。あなたがたの天の父は、これらのものがみなあなたがたに必要なことをご存じである。何よりもまず、神の国と神の義を求めなさい。そうすれば、これらのものはみな加えて与えられる。だから、明日のことまで思い悩むな。明日のことは明日自らが思い悩む。その日の苦労は、その日だけで十分である」

「見失った羊」のたとえ

ルカによる福音書15：1～7

（そのとき、）徴税人や罪人《つみびと》が皆、話を聞こうとしてイエスに近寄って来た。すると、ファリサイ派の人々や律法学者たちは、「この人は罪人たちを迎えて、食事まで一緒にしている」と不平を言いだした。そこで、イエスは次のたとえを話された。「あなたがたの中に、百匹の羊を持っている人がいて、その一匹を見失ったとすれば、九十九匹を野原に残して、見失った一匹を見つけ出すまで捜し回らないだろうか。そして、見つけたら、喜んでその羊を担《かつ》いで、家に帰り、友達や近所の人々を呼び集めて、『見失った羊を見つけたので、一緒に喜んでください』と言うであろう。言っておくが、このように、悔い改める一人の罪人については、悔い改める必要のない九十九人の正しい人についてよりも大きな喜びが天にある」

「放蕩《ほうとう》息子」のたとえ

ルカによる福音書15：11〜24

（そのとき、）イエスは言われた。「ある人に息子が二人いた。弟の方が父親に、『お父さん、わたしが頂《いただ》くことになっている財産の分け前をください』と言った。それで、父親は財産を二人に分けてやった。何日もたたないうちに、下の息子は全部を金に換えて、遠い国に旅立ち、そこで放蕩の限りを尽くして、財産を無駄遣いしてしまった。何もかも使い果たしたとき、その地方にひどい飢饉《ききん》が起こって、彼は食べるにも困り始めた。それで、その地方に住むある人のところに身を寄せたところ、その人は彼を畑にやって豚の世話をさせた。彼は豚の食べるいなご豆を食べてでも腹を満たしたかったが、食べ物をくれる人はだれもいなかった。そこで、彼は我に返って言った。『父のところでは、あんなに大勢の雇い人に、有り余るほどパンがあるのに、わたしはここで飢え死にしそうだ。ここをたち、父のところへ行って言おう。「お父さん、わたしは天に対しても、またお父さんに対しても罪を犯しました。もう息子と呼ばれる資格はありません。雇い人の一人にしてください」と』そして、彼はそこをたち、父親のもとに行った。ところが、まだ遠く離れていたのに、父親は息子を見つけて、憐れに思い、走り寄って首を抱き、接吻《せっぷん》した。息子は言った。『お父さん、わたしは天に対しても、またお父さんに対しても罪を犯しました。もう息子と呼ばれる資格はありません』しかし、父親は僕《しもべ》たちに言った。『急いでいちばん良い服を持って来て、この子に着せ、手に指輪をはめてやり、足に履物《はきもの》を履かせなさい。それから、肥えた子牛を連れて来て屠《ほふ》りなさい。食べて祝おう。この息子は、死んでいたのに生き返り、いなくなっていたのに見つかったからだ』そして、祝宴を始めた」

金持ちの議員

ルカによる福音書18：18〜30

（そのとき、）ある議員がイエスに、「善《よ》い先生、何をすれば永遠の命を受け継ぐことができるでしょうか」と尋ねた。イエスは言われた。「なぜ、わたしを『善い』と言うのか。神おひとりのほかに、善い者はだれもいない。『姦淫《かんいん》するな、殺すな、盗むな、偽証するな、父母を敬え』という掟《おきて》をあなたは知っているはずだ」すると議員は、「そういうことはみな、子供の時から守ってきました」と言った。これを聞いて、イエスは言われた。「あなたに欠けているものがまだ一つある。持っている物をすべて売り払い、貧しい人々に分けてやりなさい。そうすれば、天に富を積むことになる。それから、わたしに従いなさい」しかし、その人はこれを聞いて非常に悲しんだ。大変な金持ちだったからである。

イエスは、議員が非常に悲しむのを見て、言われた。「財産のある者が神の国に入るのは、なんと難しいことか。金持ちが神の国に入るよりも、らくだが針の穴を通る方がまだ易《やさ》しい」これを聞いた人々が、「それでは、だれが救われるのだろうか」と言うと、イエスは、「人間にはできないことも、神にはできる」と言われた。するとペトロが、「このとおり、わたしたちは自分の物を捨ててあなたに従って参りました」と言った。イエスは言われた。「はっきり言っておく。神の国のために、家、妻、兄弟、両親、子供を捨てた者はだれでも、この世ではその何倍もの報いを受け、後の世では永遠の命を受ける」

互いに愛し合いなさい（「イエスはまことのぶどうの木」より）

ヨハネによる福音書15：9〜13

（そのとき、イエスは弟子たちに言われた）父がわたしを愛されたように、わたしもあなたがたを愛してきた。わたしの愛にとどまりなさい。わたしが父の掟《おきて》を守り、その愛にとどまっているように、あなたがたも、わたしの掟を守るなら、わたしの愛にとどまっていることになる。

これらのことを話したのは、わたしの喜びがあなたがたの内にあり、あなたがたの喜びが満たされるためである。わたしがあなたがたを愛したように、互いに愛し合いなさい。これがわたしの掟である。友のために自分の命を捨てること、これ以上に大きな愛はない。

皇帝への税金

ルカによる福音書20：20〜26

（そのとき、）機会をねらっていた（律法学者や祭司長たちは、）正しい人を装う回し者を遣《つか》わし、イエスの言葉じりをとらえ、総督の支配と権力にイエスを渡そうとした。回し者らはイエスに尋ねた。「先生、わたしたちは、あなたがおっしゃることも、教えてくださることも正しく、また、えこひいきなしに、真理に基づいて神の道を教えておられることを知っています。ところで、わたしたちが皇帝に税金を納めるのは、律法に適《かな》っているでしょうか、適っていないいでしょうか」イエスは彼らのたくらみを見抜いて言われた。「デナリオン銀貨を見せなさい。そこには、だれの肖像と銘《めい》があるか」彼らが「皇帝のものです」と言うと、イエスは言われた。「それならば、皇帝のものは皇帝に、神のものは神に返しなさい」彼らは民衆の前でイエスの言葉じりをとらえることができず、その答えに驚いて黙ってしまった。

やもめの献金

ルカによる福音書21：1〜4

イエスは目を上げて、金持ちたちが賽銭箱《さいせんばこ》に献金を入れるのを見ておられた。そして、ある貧しいやもめがレプトン銅貨二枚を入れるのを見て、言われた。「確かに言っておくが、この貧しいやもめは、だれよりもたくさん入れた。あの金持ちたちは皆、有り余る中から献金したが、この人は、乏しい中から持っている生活費を全部入れたからである」

主の晩餐《ばんさん》

ルカによる福音書22：14〜22

（過越《すぎこし》祭の日、）時刻になったので、イエスは食事の席に着かれたが、使徒たちも一緒だった。イエスは言われた。「苦しみを受ける前に、あなたがたと共にこの過越の食事をしたいと、わたしは切に願っていた。言っておくが、神の国で過越が成し遂《と》げられるまで、わたしは決してこの過越の食事をとることはない」そして、イエスは杯《さかずき》を取り上げ、感謝の祈りを唱《とな》えてから言われた。「これを取り、互いに回して飲みなさい。言っておくが、神の国が来るまで、わたしは今後ぶどうの実から作ったものを飲むことは決してあるまい」それから、イエスはパンを取り、感謝の祈りを唱えて、それを裂き、使徒たちに与えて言われた。「これは、あなたがたのために与えられるわたしの体である。わたしの記念としてこのように行いなさい」食事を終えてから、杯も同じようにして言われた。「この杯は、あなたがたのために流される、わたしの血による新しい契約である。しかし、見よ、わたしを裏切る者が、わたしと一緒に手を食卓に置いている。人の子は、定められたとおり去って行く。だが、人の子を裏切るその者は不幸だ」

イエス、逮捕される　ペトロ、イエスを知らないと言う

ルカによる福音書22：54〜62

人々はイエスを捕《と》らえ、引いて行き、大祭司の家に連れて入った。ペトロは遠く離れて従った。人々が屋敷の中庭の中央に火をたいて、一緒に座っていたので、ペトロも中に混じって腰を下ろした。するとある女中が、ペトロがたき火に照らされて座っているのを目にして、じっと見つめ、「この人も一緒にいました」と言った。しかし、ペトロはそれを打ち消して、「わたしはあの人を知らない」と言った。少したってから、ほかの人がペトロを見て、「お前もあ

の連中の仲間だ」と言うと、ペトロは、「いや、そうではない」と言った。一時間ほどたつと、また別の人が、「確かにこの人も一緒だった。ガリラヤの者だから」と言い張った。だが、ペトロは、「あなたの言うことは分からない」と言った。まだこう言い終わらないうちに、突然鶏《にわとり》が鳴いた。主は振り向いてペトロを見つめられた。ペトロは、「今日、鶏が鳴く前に、あなたは三度わたしを知らないと言うだろう」と言われた主の言葉を思い出した。そして外に出て、激しく泣いた。

十字架につけられる

ルカによる福音書23：33〜43

「されこうべ」と呼ばれている所に来ると、そこで人々はイエスを十字架につけた。犯罪人も、一人は右に一人は左に、十字架につけた。〔そのとき、イエスは言われた。「父よ、彼らをお赦《ゆる》しください。自分が何をしているのか知らないのです」〕人々はくじを引いて、イエスの服を分け合った。民衆は立って見つめていた。議員たちも、あざ笑って言った。「他人を救ったのだ。もし神からのメシアで、選ばれた者なら、自分を救うがよい」兵士たちもイエスに近寄り、酸《す》いぶどう酒を突きつけながら侮辱《ぶじょく》して、言った。「お前がユダヤ人の王なら、自分を救ってみろ」イエスの頭の上には、「これはユダヤ人の王」と書いた札《ふだ》も掲げてあった。

十字架にかけられていた犯罪人の一人が、イエスをののしった。「お前はメシアではないか。自分自身と我々を救ってみろ」すると、もう一人の方がたしなめた。「お前は神をも恐れないのか、同じ刑罰を受けているのに。我々は、自分のやったことの報いを受けているのだから、当然だ。しかし、この方は何も悪いことをしていない」そして、「イエスよ、あなたの御国《みくに》においでになるときには、わたしを思い出してください」と言った。するとイエスは、「はっきり言っておくが、あなたは今日わたしと一緒に楽園にいる」と言われた。

イエスの死

ルカによる福音書23：44〜47

既に昼の十二時ごろであった。全地は暗くなり、それが三時まで続いた。太陽は光を失っていた。神殿の垂れ幕が真ん中から裂けた。イエスは大声で叫ばれた。「父よ、わたしの霊を御手《みて》にゆだねます」こう言って息を引き取られた。百人隊長はこの出来事を見て、「本当に、この人は正しい人だった」と言って、神を賛美した。

復活する

ルカによる福音書24：1〜12

（婦人たちは、）週の初めの日の明け方早く、準備しておいた香料を持って墓に行った。見ると、石が墓のわきに転がしてあり、中に入っても、主イエスの遺体が見当たらなかった。そのため途方に暮れていると、輝く衣を着た二人の人がそばに現れた。婦人たちが恐れて地に顔を伏せると、二人は言った。「なぜ、生きておられる方を死者の中に捜すのか。あの方は、ここにはおられない。復活なさったのだ。まだガリラヤにおられたころ、お話しなったことを思い出しなさい。人の子は必ず、罪人《つみびと》の手に渡され、十字架につけられ、三日目に復活することになっている、と言われたではないか」そこで、婦人たちはイエスの言葉を思い出した。そして、墓から帰って、十一人とほかの人皆に一部始終を知らせた。それは、マグダラのマリア、ヨハナ、ヤコブの母マリア、そして一緒にいた他の婦人たちであった。婦人たちはこれらのことを使徒たちに話したが、使徒たちは、この話がたわ言のように思われたので、婦人たちを信じなかった。しかし、ペトロは立ち上がって墓へ走り、身をかがめて中をのぞくと、亜麻布しかなかったので、この出来事に驚きながら家に帰った。

エマオで現れる

ルカによる福音書24：13～35

この日、二人の弟子が、エルサレムから六十スタディオン離れたエマオという村へ向かって歩きながら、この一切の出来事について話し合っていた。話し合い論じ合っていると、イエス御自身が近づいて来て、一緒に歩き始められた。しかし、二人の目は遮《さえぎ》られていて、イエスだとは分からなかった。イエスは、「歩きながら、やり取りしているその話は何のことですか」と言われた。二人は暗い顔をして立ち止まった。その一人のクレオパという人が答えた。「エルサレムに滞在していながら、この数日そこで起こったことを、あなただけはご存じなかったのですか」イエスが、「どんなことですか」と言われると、二人は言った。「ナザレのイエスのことです。この方は、神と民全体の前で、行いにも言葉にも力のある預言者《よげんしゃ》でした。それなのに、わたしたちの祭司長たちや議員たちは、死刑にするため引き渡して、十字架につけてしまったのです。わたしたちは、あの方こそイスラエルを解放してくださると望みをかけていました。しかも、そのことがあってから、もう今日で三日目になります。ところが、仲間の婦人たちがわたしたちを驚かせました。婦人たちは朝早く墓へ行きましたが、遺体を見つけずに戻って来ました。そして、天使たちが現れ、『イエスは生きておられる』と告げたと言うのです。仲間の者が何人か墓へ行ってみたのですが、婦人たちが言ったとおりで、あの方は見当たりませんでした」そこで、イエスは言われた。「ああ、物分かりが悪く、心が鈍く預言者たちの言ったことすべてを信じられない者たち、メシアはこういう苦しみを受けて、栄光に入るはずだったのではないか」そして、モーセとすべての預言者から始めて、聖書全体にわたり、御自分について書かれていることを説明された。

一行は目指す村に近づいたが、イエスはなおも先へ行こうとされる様子だった。二人が、「一緒にお泊まりください。そろそろ夕方になりますし、もう日も傾いていますから」と言って、無理に引き止めたので、イエスは共に泊まるため家に入られた。一緒に食事の席に着いたとき、イエスはパンを取り、賛美の祈りを唱え、パンを裂いてお渡しになった。すると、二人の目が開け、イエスだと分かったが、その姿は見えなくなった。二人は、「道で話しておられるとき、また聖書を説明してくださったとき、わたしたちの心は燃えていたではないか」と語り合った。そして、時を移さず出発して、エルサレムに戻ってみると、十一人とその仲間が集まって、本当に主は復活して、シモンに現れたと言っていた。二人も、道で起こったことや、パンを裂いてくださったときにイエスだと分かった次第を話した。

弟子たちに現れる

ルカによる福音書24：36～49

（二人の弟子がイエスに会った次第を）話していると、イエス御自身が彼らの真ん中に立ち、「あなたがたに平和があるように」と言われた。彼らは恐れおののき、亡霊を見ているのだと思った。そこで、イエスは言われた。「なぜ、うろたえているのか。どうして心に疑いを起こすのか。わたしの手や足を見なさい。まさしくわたしだ。触ってよく見なさい。亡霊には肉も骨もないが、あなたがたに見えるとおり、わたしにはそれがある」こう言って、イエスは手と足をお見せになった。彼らが喜びのあまりまだ信じられず、不思議がっているので、イエスは、「ここに何か食べ物があるか」と言われた。そこで、焼いた魚を一切れ差し出すと、イエスはそれを取って、彼らの前で食べられた。

イエスは言われた。「わたしについてモーセの律法と預言者《よげんしゃ》の書と詩編に書いてある事柄は、必ずすべて実現する。これこそ、まだあなたがたと一緒にいたころ、言っておいたことである」そしてイエスは、聖書を悟らせるために彼らの心の目を開いて、言われた。「次のように書いてある。『メシアは苦しみを受け、三日目に死者の中から復活する。また、罪の赦《ゆる》しを得させる悔い改めが、その名によってあらゆる国の人々に宣《の》べ伝えられる』と。エルサレムから始めて、あなたがたはこれらのことの証人となる。わたしは、父が約束されたものをあなたがたに送る。高い所からの力に覆われるまでは、都にとどまっていなさい」

天に上げられる

ルカによる福音書24：50〜53

イエスは、そこから彼らをベタニアの辺りまで連れて行き、手を上げて祝福された。そして、祝福しながら彼らを離れ、天に上げられた。彼らはイエスを伏し拝んだ後、大喜びでエルサレムに帰り、絶えず神殿の境内にいて、神をほめたたえていた。

聖書の朗読によせて…………滝田 栄（たきたさかえ）

提供：文藝春秋

辞書で「慈悲」という文字の意味を調べてみると、衆生に楽を与えることを「慈」、苦を除くことを「悲」という、と有る。

人間の心と言いますか、精神と言いますか、魂と言いますか、人間の深い深い部分での苦しみや悲しみを取り除き、楽しくさせてしまう力だと思うのですが、そのようなエネルギーが本当に存在したら、素晴らしいことですネ。

僕はビクトル・ユーゴーの『レ・ミゼラブル』を、長年、舞台で演じてきました。『ああ無情』『銀の燭台』という題としても有名なジャン・ヴァルジャンの物語です。彼は、貧しさと、空腹の故に、一つのパンを盗み、二十年近くも牢に入れられ鎖につながれ、苦役《くえき》を強いられます。

ようやく仮出所したヴァルジャンを待っていたのは、世間の冷たい目。寒い冬の夜、泊めてくれる宿もなく、絶望の淵《ふち》に沈んでいるところを教会の司教さんに救われます。司教さんは、自分たちが食べる筈《はず》のわずかなパンとワインを、ヴァルジャンに分け与え、「今夜は、怨《うら》みも心の痛みも忘れて、ゆっくりと休みなさい」と言って、惨《みじ》めな男を迎え、救いの手を差し伸べます。しかしその夜、ヴァルジャンは、その救いの手にそむき、彼をもてなしてくれた銀の食器を盗み逃走します。

彼はふたたび囚《とら》われ、司教の前に突き出されますが、司教は、「これは彼が盗んだのではなく、私があげたものだ……」と言って、彼をふたたび救い、「この銀の燭台を使って良い人になりなさい。あなたの魂は私が買った」と言って、教会の大切な銀の燭台までも与え、ヴァルジャンを解放します。ヴァルジャンは、嵐の如き混乱と猛省の中に、憎しみと無智から解放されて行きます。

司教の救いにより、真実の人間を取り戻したヴァルジャンは、見事な男に成長して行きます。

この、『レ・ミゼラブル』は史上第二位のベストセラーと言われていますが、なんと、ヴァルジャンを救ってくれた司教様の魂とも言うべき『聖書』が第一位と聞くと、なぜか楽しくなって来ます。

このヴァルジャンの魂を変えた司教様の力に、聖書に書かれたイエス・キリストと、イエス様が父と呼ばれる神の力、慈悲を感ぜずにはいられません。

僕は、クリスチャンではないのですが、聖書をドキュメンタリーとして読み、そこに、仏陀と同じ、偉大な慈悲の力を汲《く》み取り、味わうことができます。

テレビを見ても、新聞を読んでも、人間と社会が悪く変化している、と思う毎日。良心や誠実といった人間の美徳が損《そこ》なわれ、欲望と無智が大手をふって歩く社会。人間の大切なものが失われたなあと思う日々。

かつて、自分の悲惨な最期を知りながら、慈悲と真理を教え、罪深い人間達の許しをその父に乞うて死んで行った男の物語。その男は、どのような声で話されたのだろうかなどと思いつつ、イエス・キリストを朗読させて戴きました。

滝田　栄（たきたさかえ）

俳優。一九五〇年、千葉県生まれ。

文学座養成所から劇団四季を経て独立、現在に至る。

テレビでは『草燃える』『なっちゃんの写真館』『マリコ』『徳川家康』など多数主演。また『料理バンザイ！』の司会を二〇年間つとめた。舞台は『レ・ミゼラブル』主演ジャン・バルジャンを初演より一四年間演じる。

二〇〇二年〜二〇〇三年　インドに渡航。

二〇〇六年　映画『不撓不屈』主演。

二〇〇六年、二〇〇七年、二〇〇八年　奈良薬師寺にて伎楽『三蔵法師求法の旅』を主演。

二〇〇六年より公益法人プランジャパン評議員。同年ベトナムのプランジャパンの現地視察。

二〇〇九年　インド現地視察（ムンバイ、ニューデリーのスラム訪問）。

現在は俳優の仕事以外に仏像制作、講演活動、執筆等。著者に、『滝田栄仏像を彫る』（毎日新聞社）『新版　古寺巡礼　奈良〈8〉唐招提寺』巻頭エッセイ（淡交社）ほかがある。

聖書と安らぎ

加賀乙彦

聖書うらないというのを、ときどきする。目をつぶって聖書を開き、指先でページを押さえて、目を開いてそこを読むので、かのロシアの天才小説家、ドストエフスキーが好んでやったという方式である。

それは、おおむね何かゆううつな時、困った時で、聖書から何か安らぎとか慰めを期待して、そうするのだ。私のばあい、ちょっとインチキがあって、新約の最初の「四福音書」あたりをねらう。

なぜ「四福音書」をねらうかというと、ここにはイエスの言葉が満ちていて、それのどれかを読めば、私の沈んだ心はたちまち元気を得ることができるからだ。イエスは不思議な人で、そのすべての言葉が、心を和やかにして喜びをあたえる。私がこう言うのを疑う人がいたら、「四福音書」を読んでイエスの言葉に評点をつけてごらんなさい。現代の私たちから見て、おかしいことは何も言っていないことに気がつきますよ。男女の差別、民族の差別、金もうけ、環境破壊、ましてテロや戦争はいっさい無い。人々の苦しみを取り除き、平和を願う言葉しかない。これは不思議な言葉の宝庫なのだ。

もっとも「四福音書」でも苦しみの場面はあって、イエスがいよいよ明日殺される前の晩にゲッセマネの園で、血の汗を流して祈るところとか、十字架に釘づけされる場面とかがそうだ。聖書うらないで、ここを指差してしまったら、私は、イエスの苦しみにくらべれば、今の悩みなど大したことはないと、プラスに考えることにしている。

私は物書きだから、スランプで書けなくなるのが一番困る。そうなった時に読む、おたすけの文章が聖書には沢山ある。

文章としても物語としても聖書全体で一番面白いのは「四福音書」だ。イエスという鮮やかな性格の人物が活躍して巻置くあたわずで読める。私が好きなのは、詩情ゆたかな「ルカ福音書」で、イエス誕生のくだりは、羊飼いや天使や飼い葉桶の乳飲み子のあたり、何度読んでも美しく響く。首尾一貫して小説のような構成を持っているのが「マタイ福音書」であろう。イエスを裏切ったユダが首をつったことまで、ちゃんと書いてある。

旧約にも、面白い話が沢山ある。とくに「創世記」は、エデンの楽園、ノアの箱船、バベルの塔などのお馴染みの話がつまっていて、その短い文章がいい。「出エジプト記」のモーセも独特の味のある人物だ。イスラエルの民をひきいてエジプトの王様の圧政からのがれるあたり、スリル満点である。「列王記上」の勇猛なダビデ王や賢明なソロモン王の活躍などを読むと、胸がわくわく躍る。

こういう風に列挙していくと切りがないが、私にはっきり言えるのは、聖書に出てくる人物は、みんなはっきりとした個性を持っていて、読んでいてその人の姿が生き生きと再現してくることである。こんなことを書くと叱られるが、現代の毒にも薬にもならない小説やコントを読む暇があったら、まず聖書を読んでみることだ。

出典『新約聖書　新共同訳』日本聖書協会発行

＊固有名詞表記は聖書訳語委員会が作成し、共同訳聖書実行委員会が、1984年2月にその改訂を承認した後の「日本語表記」によりました。
＊新約聖書において、底本の字義どおり「霊」と訳した個所のうち、「聖霊」あるいは「神の霊」「主の霊」が意味されていると思われる場合には前後に〝　〟を付けました。
＊〔　〕は、新約聖書においては、後代の加筆と見られているが年代的に古く重要である個所を示します。
＊本文の内容区分ごとの概括的な理解を助ける趣旨から、見出しを冒頭に掲げました。見出しは本文ではありません。

＊（　）内は聖書にはない言葉ですが、内容を分かりやすくするために加えました。そのため一部言葉を省略したところがあります。
＊それぞれの項目は聖書中では各福音書ごとにおさめられています。
＊「聖書の朗読によせて」（滝田栄）「聖書と安らぎ」（加賀乙彦）　キングレコードCD「聖書のことば」ブックレットより

音源
本書付属ＣＤは以下のＣＤ音源より本書のために再編集したものです。
「聖書のことば 互いに愛し合いなさい」KICG—3121
「新約聖書物語ベスト」　KICW—5180
いずれもキングレコード発行

＊附属のCDの1トラック中に、聖書の2つの項目が収録されている場合があります。
＊朗読者により、作品の解釈によって表現に演出が含まれている場合がありますが、いずれもすでに発行されている上記録音物の録音・発行時のものです。

CD制作　キングレコード株式会社
竹中善郎
遠藤潤
浅野幸治
林　督
大槻淳
企画　山口ミルコ
編集　東京書籍株式会社（小島岳彦）
DTP　川端俊弘

朗読《ろうどく》CD付《つ》き名作文学《めいさくぶんがく》シリーズ　朗読《ろうどく》の時間《じかん》

聖書《せいしょ》のことば

平成二十三年八月一日　第一刷発行

訳　者　共同訳聖書実行委員会・日本聖書協会

朗　読　滝田栄

発行者　川畑慈範

発行所　東京書籍株式会社
〒一一四―八五二四
東京都北区堀船二―一七―一
電話〇三（五三九〇）七五三一（営業）
〇三（五三九〇）七五〇七（編集）

印刷・製本　図書印刷株式会社

ISBN978-4-487-80594-5 C0098

http://www.tokyo-shoseki.co.jp